Naam:

www.ingramcontent.com/pod-product-compliance
Lightning Source LLC
Chambersburg PA
CBHW071217220526
45468CB00002B/637
* 9 7 8 1 7 9 5 2 1 5 4 6 6 *